I0082206

Début d'une série de documents
en couleur

VOYAGE

AU

PAYS DES NIAM-NIAMS

OU

HOMMES A QUEUE

avec le portrait d'un Niam-Niam,
et une notice biographique sur l'auteur
par ALEXANDRE DUMAS,

par

HADJI-ABD-EL-HAMID-BEY

PARIS

P. MARTINON, LIBRAIRE,
rue de Grenelle-Saint-Honoré, 14.

1854.

Paris. — Imprimerie française et espagnole de Dubuisson et Cie, rue Coq-Héron, 5.

Alexandre Dumas (fie

Fin d'une série de documents
en couleur

VOYAGE

AU

PAYS DES NIAM-NIAMS

OU

LES HOMMES A QUEUE

Le dépôt ayant été effectué, les reprod ˆions et les traductions sont interdites. — Les reproduc-teurs, les traducteurs et les contrefacteurs seront poursuivis conformément aux lois.

Paris. — Imprimerie française et espagnole de Dubuisson et Cᵉ, rue Coq-Héron, 5.

DD IX 87

VOYAGE

AU

PAYS DES NIAM-NIAMS

OU

HOMMES A QUEUE

avec le portrait d'un Niam-Niam,
et une notice biographique sur l'auteur
par ALEXANDRE DUMAS,

par

HADJI-ABD-EL-HAMID-BEY

ÉCOLE DES L G O S VIVANTES

PARIS

MARTINON, LIBRAIRE,
rue de Grenelle-Saint-Honoré, 14.

1854.

1.

Homme à queue vu à la Mecque, en 1842.

En 1835 ou 1836, je faisais, à bord du *Tancrède*, la traversée de Gênes à Livourne; — à mon arrivée sur le pont, quelqu'un me nomma, et je vis alors se détacher de la muraille du bâtiment et venir à moi un homme vêtu du costume des Arabes du Liban.

Quand je vois un costume arabe, les
ailes que Dieu a attachées à mon imagination, au lieu de les attacher à mes épaules,
s'ouvrent d'elles-mêmes, et je suis prêt à
m'envoler vers le pays des rêves d'or.

Aussi, voyant l'Arabe venir à moi, j'allai
à lui.

— Monsieur Dumas, me dit-il, voulez-
vous me permettre de me féliciter du hasard qui nous réunit sur le même paque-
bot?

Je m'inclinai, en me disant à moi-
même :

— Ces diables d'Orientaux, comme ils
vous parlent le français !

— Je vous ai cherché à Paris, partout
où je croyais vous trouver, mais inutile-
ment, continua l'Arabe.

— Pourquoi n'êtes-vous pas venu chez
moi ?

— Je me suis présenté dix fois, on m'a toujours dit que vous n'y étiez pas.

— Il fallait laisser votre nom?

— Il vous était inconnu.

— Vous aviez quelque chose à me dire, monsieur?

— Vous venez de publier, avec M. Dauzats, continua l'Arabe, un livre intitulé : *Quinze jours au Sinaï.*

Je rougis légèrement.

— C'est vrai, lui répondis-je.

— Eh bien, j'avais à vous répéter ce que j'avais entendu dire à Ibrahim Pacha.

— Et qu'avez-vous entendu dire à Ibrahim Pacha?

— Que vous étiez un des hommes qui avaient le mieux *vu* l'Egypte.

Cette fois, je ne me mis point à rougir, je me mis à sourire.

— Seulement, il regrettait de ne pas

vous avoir connu.

— Ah ! vraiment.

— Pourquoi, allant au Caire, n'avez-vous pas été personnellement lui faire une visite ? c'est un homme très-remarquable et qui vous eût parfaitement reçu.

— D'après ce que je sais du prince, je n'en doute pas, Monsieur, mais il y avait une raison péremptoire pour que je me privasse de cet honneur.

— Est-ce indiscret de vous demander laquelle ?

— Oh ! mon Dieu non. C'est que je n'ai jamais vu l'Egypte que dans les cartons de mon ami Dauzats.

— De sorte que ce voyage au Sinaï ?....

— Je l'ai fait en imagination, avec mon ami Taylor.

— Voilà tout ?

— Voilà tout.

— C'est fâcheux que vous n'ayez point parcouru ces pays-là par vous-même. Ayant écrit ce que vous avez écrit sans les avoir vus, qu'auriez-vous fait les ayant vus?

— Quelque chose de plus exact, à coup sûr; mais de moins poétique, peut-être.

— C'est possible, dit l'Arabe; le compliment d'Ibrahim n'en existe pas moins et n'en a que plus de mérite.

— Mais vous, Monsieur, vous les avez vus, ces pays merveilleux?

— J'en viens.

— Et vous y retournez?

— Sans doute; il y a un proverbe arabe qui dit : — Dès qu'un étranger met le pied en Orient, il lui pousse des racines aux pieds.

— Alors vous n'êtes point Arabe ?

— Je suis Français.

— Et vous vous nommez ?

— Je me nomme Du Couret ; vous voyez
que ce nom n'a rien d'oriental. Aussi vais-
je en changer, aussi bien que de religion.

— Vous allez vous faire musulman ?

— Oui.

— Et pourquoi cela ?

— Parce que je veux voyager dans l'E-
thiopie, sur la mer Rouge, dans l'Yémen,
en Perse, dans l'Inde. J'ai aussi un autre
projet, mais pour plus tard. Je voudrais
traverser le continent africain, du nord au
sud, d'Alger au cap de Bonne-Espérance,
en m'arrêtant et en séjournant à Tombouctou et au lac Tehad. Or, vous comprenez
bien, je ne puis entreprendre toutes ces pérégrinations qu'en renonçant, sinon à mon
titre de Français, du moins à la religion ca-
tholique.

J'écoutais ce que me disait cet homme,
et je croyais entendre le rêve d'un fou,

d'une cigogne ou d'une hirondelle.

Mais comme ce rêve prenait une certaine réalité en passant par la bouche de mon compatriote ; comme il y avait dans l'esprit qui me l'exposait un grand fonds de volonté ; comme on sentait que cet homme se ferait tuer ou qu'il ferait ce qu'il promettait de faire, je voyageai en imagination avec lui, dans tous les pays où il lui plut de me mener, jusqu'à ce qu'à Livourne nous prissions congé l'un de l'autre, lui continuant de voguer vers l'Est, moi faisant un crochet vers le Nord en m'arrêtant modestement à Florence.

Quinze ans s'écoulèrent. J'avais oublié Du Couret et son rêve. On sonna un matin à ma porte, et mon domestique m'annonça Hadji-Abd-el-Hamid-Bey.

Ce qui voulait dire le colonel pèlerin serviteur de Dieu.

J'ordonnai de faire entrer.

C'était Du Couret.

Je le reconnus à l'instant même, quoiqu'au lieu du costume des Arabes du Liban,
il portât celui des Turcs du Caire.

Voulez-vous savoir ce qu'il avait fait
pendant ces quinze ans?

Il avait, en me quittant, été à Constan-
tinople, puis à Smyrne, puis à Rhodes, puis
à Alexandrie, puis au Caire. Il avait remonté
le Nil, visité Thèbes, Philœ, Dongolah, le
Sennaar, le Kordofan, jusqu'aux limites du
Darfour. Il avait traversé le Dar-Fungarah,
le pays de Noubah, le pays de T··klavi, le
Bouroum. Suivez-le si vous pouvez sur la
carte, et s'il y a une carte qui mentionne
les pays qu'il a parcourus. Il était revenu
au Sennaar. Il avait visité l'île de Meroé,
était descendu à Souakin, avait remonté la
rive gauche de la mer Rouge jusqu'à Suez,

en avait descendu la rive droite jusqu'à la Mecque. Là, suivant son projet, il avait adopté l'islamisme, avait fait le pélerinage à Médine, la seconde des villes saintes, avait exploré la province de Hedjah, les montagnes de l'Assir, l'Yemen.

Là, vaincu par le climat fiévreux, par la mauvaise qualité de l'eau de puits, il était tombé malade, s'était traîné jusqu'à Sanah: de Sanah, avait gagné Mareb, l'ancienne capitale de la reine Nicaulis, avait retrouvé dans le Ladramont, la trace d'Arnaut, cet autre voyageur dont un jour je vous ai raconté les aventures; de là, il avait atteint Mascate sur le golfe Persique. Bien accueilli par l'Iman Saïd-Saïd, il avait parcouru l'Oman, fait naufrage en face de Gebel-Ménéfié; était tombé aux mains d'une tribu anti-mahométane, et avait été conduit par elle sur le marché de Dereyhe; acheté par le

petit-fils de Wahab, chef de la tribu des
Wahabites, le Luther musulman, transporté mourant par son maître, ou plutôt
par son libérateur à Kouêth , point culmi-
nant du golfe Persique, il avait profité du
voisinage pour visiter Bassora , Zuber, Ko-
ma, d'où il avait touché en quelque sorte
d'une main le Tigre , et de l'autre, l'Eu-
phrate; il avait traversé la grande tribu des
Montefix, été à Bagdad, traversé le pays des
Anéses, était revenu à Bagdad , mourant,
s'était pour la troisième fois couché à Bassora, sur le lit de l'agonie, s'en était encore
une fois relevé, avait repris son chemin
vers Mascate, s'y était arrêté le temps de
reprendre ses forces, s'était embarqué dans
le golfe Persique, avait traversé diagonale-
ment la mer, avait débarqué à Zanzibar, y
avait été recueilli sur le brick *le Berceau*,
par l'amiral Romain-Desfossés , avait été

transporté par lui à l'île Bourbon, s'y était
engagé comme interprète à bord de la cor-
vette le *Cormoran*, dans le but d'aller
chercher les fragments antiques retrouvés
par mon ami Botta, dans les fouilles de
Ninive, était revenu à Mascate, était re-
tourné à Bassora, y avait quitté le navire,
s'était enfoncé vers Ispahan, y était entré
au service de Mohamed-Shah, dénoncé
comme Français et comme chrétien, avait
été bâtonné et jeté en prison, avait séduit
son geôlier avec l'or caché dans les semelles
de ses babouches, s'était évadé sous un
costume de femme, était venu à Shiras,
avait visité Persépolis, Ecbatane, Suze, le
Beluchistan, le Bender-Bouchir, le Bender-
Albani Ormuz, l'île de Karack, Bombay,
était remonté à Mascate pour la troisième
fois, avait longé la côte jusqu'à Hargiah,
était allé à Socotora, à Mogadoxo, à Me-

linde, à Jabah, à Monbah, à Killoa, à Mozambique, à Kerimb, et, enfin, pour la seconde fois était arrivé mourant à Zanzibar.

Là, il s'était, après deux mois de convalescence, embarqué pour les Comores, avait débarqué à Tamatave, avait remonté la côte de Madagascar jusqu'à Tananarive, était revenu à Bourbon, y était resté trois mois malade de la fièvre et du scorbut, et enfin se retrouvait à Paris — après avoir passé par le Cap et Sainte-Hélène.

Je le croyais guéri de la manie des voyages, — on dit *qui a bu boira,* — *qui a joué jouera,* — il y a un troisième proverbe à ajouter à ceux-là, c'est *qui a voyagé voyagera.*

Il revenait en France dans l'espoir de faire son grand voyage d'Afrique,

Après un an de sollicitations aux ministère du commerce, de l'instruction publique et des affaires étrangères, il reçut une mission, ceignit ses reins de nouveau, reprit son bâton de nouveau, aussi leste, aussi ingambe, aussi peu fatigué que s'il ne venait pas de faire trente à trente-cinq mille lieues, — trois ou quatre fois la valeur du tour du monde.

Maintenant, le voilà encore une fois de retour, l'infatigable voyageur. Il a parcouru toute la Tunisie, visité Sfax, pénétré jusqu'à la petite Syrte, traversé le lac Melr'ir, Louat-Souf, Louat-rir, où, arrêté par le soulèvement général des tribus, il s'est battu dans les rangs du sultan de Tuggurth, est revenu à Biscarah, et, rappelé par le ministre de l'instruction publique, est rentré à Paris, en passant par ces faubourgs de la France qu'on appelle Constantine et Philippeville.

Et, comme il faut que le voyageur infatigable , que le lutteur qui a vaincu la fatigue , la fièvre, la peste , le choléra, le simoun , le scorbut, l'ouragan, le naufrage, lutte incessamment, il est en train de vaincre l'Académie des sciences, et de lui prouver que, vers l'équateur , il y a des monstres intermédiaires entre les singes et les hommes , qui ont une langue comme les hommes et une queue comme les singes.

ALEX. DUMAS.

I.

HISTORIQUE.

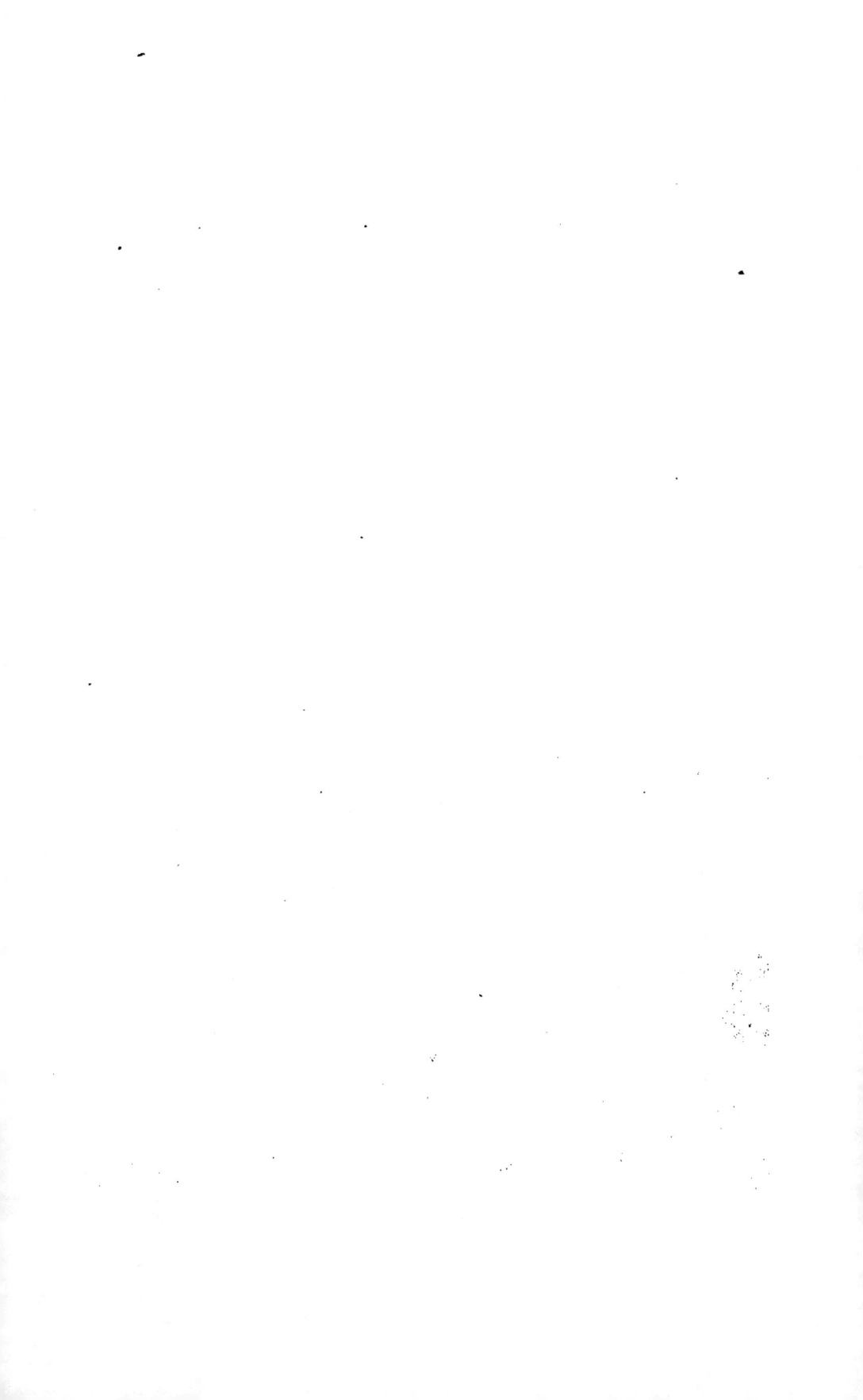

Il y a quelques mois, je fus mis en rapport avec un de ces hommes dont l'ama-
bilité fait excuser la science, esprit char-
mant et enthousiaste, qui prenait un plaisir
peu commun au récit de mes voyages.

Cet homme était le docteur Félix Roubaud.

Quand je lui parlai de la tribu des hommes à queue :

— Ceci, me dit-il, rentre dans mon domaine — c'est une question d'anthropologie fort controversée, je l'avoue, et sur laquelle, par cela même, je serai heureux d'avoir des renseignements certains.

— Je puis d'autant mieux vous satisfaire, lui répondis-je, que j'ai moi-même dessiné, à la Mecque, un membre de cette tribu.

Et je lui adressai, avec les documents que je possédais, le dessin du Niam-Niam qui accompagne cette brochure.

Rédacteur en chef d'un des meilleurs journaux de médecine de Paris, M. Félix Roubaud me manifesta le désir de publier ce dessin et ma lettre qui l'accompagnait.

J'acceptai volontiers cette invitation flatteuse, et, le 1er septembre, parut dans

la *France Médicale et Pharmaceutique*
le feuilleton suivant :

A M. Félix ROUBAUD, rédacteur en chef de
la *France Médicale et Pharmaceutique.*

Monsieur,

Quand un hasard heureux me mit en
relation avec vous et que, cédant aux sollicitations dont j'étais l'objet, je vins, dans
le récit d'un épisode d'un de mes longs
voyages, à parler de la tribu des hommes
à queue, votre bouche laissa voir, malgré
les épaisses moustaches noires qui la ca-
chent, un sourire non d'incrédulité (vous
êtes trop poli pour donner un démenti,
même en riant et du bout des lèvres), mais
de cette fine raillerie qu'excitent presque

toujours les excentricités d'esprit. Vous crûtes (vous me l'avez avoué depuis) qu'usant du droit que donnent des pérégrinations lointaines et périlleuses, j'enrichissais de contes bizarres et de rêves étranges mes impressions et mes souvenirs de touriste, afin de doubler l'importance et l'intérêt de mes récits ; je vous promis alors de vous fournir les preuves tout à la fois de la vérité de ma narration et de l'exactitude du fait que j'avançais.

Je vous tiens aujourd'hui parole.

Sans doute ce fait d'hommes à queue dérange l'harmonie des classifications établies ; mais n'avons-nous pas vu, en ornithologie, par exemple, certains animaux, comme ceux de Madagascar et de la Nouvelle-Hollande, venir rompre tout-à-coup cette harmonie si vantée? Il en a été de même pour les mammifères, et je ne vois pas pourquoi il n'en serait pas ainsi pour l'homme, si l'on considère le vague des théories anthropologiques et toutes les découvertes qui restent encore à faire dans le vaste continent africain.

Cependant n'attendez de moi ni théorie révolutionnaire, ni nouvelle classification anthropologique ; plus modeste dans mon rôle, je veux simplement vous convaincre que je n'ai point usé des bénéfices du vieux proverbe : *A beau mentir qui vient de loin.*

Je vous adresse d'abord,—et ceci est le témoignage le plus éclatant que je puisse vous donner du désir que j'éprouve à ne vous laisser aucun doute sur la réalité de mon récit, —je vous adresse, dis-je, le croquis d'un homme à queue, que j'ai moi-même pris, d'après nature, à la Mecque, en 1842. — C'est, je crois, le premier

dessin de ce genre qui paraît en Europe.—
Et pourtant des témoignages dignes de foi
ne manquent pas pour constater l'existence
d'un appendice caudal chez certaines tribus africaines, car beaucoup de voyageurs
l'ont consacré de leur autorité et de leur
nom.

En Chine (ce n'est que pour mémoire
que je rappelle le fait, parce que rien n'est
authentique dans les légendes de ce pays),
on prétend qu'à 150 lieues sud du royaume
de Yong-Tchang, il existe une peuplade
dont les individus, pourvus d'une queue
longue et velue suivant les uns, et semblable à la queue de la tortue selon les autres, sont obligés, quand ils veulent s'as-
seoir, de creuser un trou dans le sable
pour y placer leur appendice caudal.

En 1677, un voyageur hollandais, Jean
Struys, assura avoir vu en Afrique un

homme ayant une queue longue de plus d'un pied.

Hornemann, mort à Kachena, où il vivait depuis longtemps comme marabout, a affirmé qu'entre le golfe de Benin et l'Abyssinie, il existe des anthropophages à queue, que l'on nomme Niam-Niams.

Je n'ai pu pénétrer dans le pays habité par ces sauvages ; mais, d'après les renseignements que me fournit l'homme à queue que j'interrogeai à la Mecque et dont je vous adresse le portrait, on peut admettre, sans crainte d'erreur, que la contrée où vivent les Niam-Niams correspond assez bien à celle qu'on assigne au pays des Ghilânes.

Les caractères distinctifs de cette race d'hommes, en dehors de leur appendice caudal, sont des oreilles longues et élevées, un front déprimé, des jambes grèles, des

3.

bras longs et pendants; leurs cheveux sont moins crépus que ceux des autres races noires; ils sont doués du don de la parole, et quelques-uns, outre leur langue, parlent très bien l'arabe. — Celui que j'ai vu à la Mecque était dans ce cas; esclave, il rendait des services à son maître, mais celui-ci était obligé de lui donner tous les matins une ration de mouton cru. — Le Niam-Niam avait conservé dans la servitude ses habitudes primitives.

A mon retour en France, je crus de mon devoir d'informer l'Académie des sciences des observations que j'avais recueillies pendant mes voyages, et je n'oubliai pas l'homme à queue, comme vous le devez bien penser (1).

(1) Voir les *Compte-rendus de l'Académie des sciences*, tom. xxix, séance du 20 août 1849.— Voir aussi, pour de plus grands détails, le compte-

A peu près à la même époque, MM. Arnault et Vayssière, voyageurs en Abyssinie, firent au même corps savant une communication analogue, et M. Rochet d'Héricourt, si connu par ses voyages au pays des Adèles et au royaume de Choa, a dit, dans une séance de la *Société orientale*, le 23 novembre 1849, qu'il avait fréquemment entendu parler, en Afrique, de la tribu des hommes à queue.

En 1851, M. Francis de Castelneau, dont les voyages ont plus d'une fois occupé l'attention publique, a publié une brochure fort intéressante intitulée : *Renseignements sur l'Afrique centrale et sur une nation d'hommes à queue qui s'y trouverait*, brochure composée sur des renseignements

rendu des séances de la *Société orientale*, dans la *Revue de l'Orient, de l'Algérie et des Colonies*, 1848, pag. 427.

fournis par des nègres esclaves à Bahia, et
de laquelle je vous demande la permission
d'extraire quelques lignes qui font allusion
à ce que j'ai rapporté moi-même : « Un de
ces esclaves, Mahammah ou Manuel, dit
M. de Castelneau, était surtout remar-
quable par son intelligence et avait fait
d'immenses voyages ; mes études de naturaliste me permirent plusieurs fois de con-
trôler ses récits, et je les avais toujours
trouvés d'une grande exactitude, lorsqu'un
jour il me parla des Niam-Niams ou *hom-*
mes à queue, qu'il assurait avoir vus. Malgré mon incrédulité, il maintint ce fait, et
entra dans de minutieux détails. Par la
suite, j'ai eu occasion de voir une dou-
zaine de nègres du Soudan, qui tous pré-
tendaient avoir vu des Niam-Niams ou
avoir entendu parler de leur existence
comme d'un fait hors de doute ; je n'at-

tachais cependant que peu d'importance à
ces déclarations, lorsqu'à mon retour en
France, j'appris qu'un autre voyageur avait
obtenu, en Arabie, des renseignements du
même genre, et qu'il assurait même avoir
vu un homme à queue. Dès-lors, je pen-
sai qu'il pouvait être de quelque utilité,
pour l'histoire de la race humaine, de publier les résultats de mes interrogatoires
de Bahia, sans garantir, en aucune manière, l'exactitude d'un fait qui paraît
même contraire aux principes zoologiques,
car il est à remarquer que les singes les
plus rapprochés de l'homme sont déjà
privés de cet appendice, ou ne l'ont que ru-
dimentaire. Le naturaliste sait cependant
que la théorie scientifique la plus plausible
peut quelquefois se trouver renversée par
une seule observation. »

Comme vous le voyez, M. Francis de

Castelneau n'est pas un enthousiaste et ne professe pas, à l'endroit des hommes à queue, une croyance irréfléchie ; pourtant voici ce qu'il consigne, d'après le récit de Manuel, ce nègre intelligent, dont il avait en maintes circonstances contrôlé les versions : « Manuel, dit-il, a fait une expédition contre les Niam-Niams, sous les ordres du sultan de Kano....... l'expédition Haoussa dormit neuf nuits dans ces vastes forêts *(la forêt de Lanchandon)* ; plusieurs fois il fut nécessaire d'ouvrir le chemin pour faire passer les chevaux ; pendant ce temps on vit beaucoup d'animaux, mais pas un homme. En sortant du bois, on commença d'escalader de hautes montagnes, et, peu de jours après, on aperçut une bande de sauvages Niam-Niams. Ces gens dormaient au soleil ; les Haoussas s'en approchèrent sans bruit et les massacrèrent

jusqu'au dernier ; ils avaient tous des
queues d'environ 40 centimètres de long,
et qui pouvaient en avoir de deux à trois
de diamètre ; cet organe est lisse ; parmi
les cadavres se trouvaient ceux de plusieurs
femmes, qui étaient conformées de la même
manière ; du reste, ces gens étaient semblables aux autres nègres ; ils étaient abso-
lument nus. Les jours suivants, l'expédition rencontra plusieurs autres bandes,
qui eurent le même sort ; l'une était occu-
pée à manger de la chair humaine, et les
têtes de trois hommes rôtissaient encore
au feu, suspendues à des perches enfon-
cées en terre. Manuel faisait partie de l'a-
vant-garde et a vu tuer beaucoup de ces
gens ; il a examiné les cadavres, mesuré
les queues, et il ne peut concevoir aucun
doute relativement à leur existence.

» Les Haoussas restèrent six mois à parcourir et à ravager le pays. Toute la contrée est couverte de rochers très élevés. La plupart des Niam-Niams vivent dans des trous de roche, mais quelques-uns se construisent de misérables cahuttes de paille. Plusieurs fois, les Haoussas furent attaqués par ces sauvages, et ils en tuèrent un grand nombre ; ces gens sont d'un noir obscur, et leurs dents sont limées ; leur corps n'est pas tatoué ; ils obtiennent du feu au moyen d'une pierre que l'on trouve dans le pays (le silex?). Ils se servent de massues, de flèches et de zagaies ; à la guerre, ils poussent des cris aigus. Ils cultivent du riz, du maïs et autres grains et fruits inconnus aux Haoussas ; ce sont de beaux hommes ; leurs cheveux sont crépus.

» Le chef des Niam-Niams demanda grâce, mais le roi de Kano fit tuer tous ceux que l'on prit, *parce qu'ils avaient des queues*, et qu'il supposait que personne ne voudrait acheter de semblables esclaves.

» Les Niam-Niams ont de petits bœufs sans cornes et des chèvres de grande dimension, ainsi que des moutons.

» L'expédition revint par la même route. Les gens de Haoussa avaient entendu parler d'hommes à queue, mais ils doutaient jusque-là du fait, et le but de l'expédition était de s'en assurer (1). »

M. de Castelneau ne rapporte pas seulement le témoignage de Manuel ; plusieurs autres nègres lui ont fait un récit analogue et lui en ont affirmé la vérité.

D'un autre côté, M. d'Abbadie, dont le nom et la réputation comme voyageur sont si connus, a raconté à la société de géographie, dans la séance du 9 janvier 1852,

(1) Ouvrage cité, p. 15 et 16.

4

que, peu de temps avant son départ pour
l'Europe, un prêtre abyssin, nommé Kidana-Maryam, homme de sens, instruit et
peu enclin au merveilleux, lui avait fait le
récit suivant : « Je suis allé au Caire la pre-
mière fois par Aliu-Amba, Harar, Berberah,
Mokha et la mer Rouge. Nous mîmes vingt-
six jours d'Aliu-Hamba à Harar....... Cette
ville a 2,500 maisons, la plupart en bran-
chages, mais il y a aussi quelques maisons
en pierre... Les ruisseaux abondent autour
de la ville et vont se perdre dans les sables,
du côté de l'est, chez les Harabawal. Tout le
territoire est planté en café et en *wars*,
qui sert à teindre la peau en jaune, et est
très recherché dans tout le sud de l'Arabie. J'achetai à Harar du wars pour 50 ta-
laris. Harar possède environ cent pièces
d'artillerie, toutes de très petit calibre, et
beaucoup de fusiliers... A quinze journées

au sud de Harar est un pays dont j'ai oublié le nom, et où tous les hommes ont une
longue queue d'une palme, couverte de
poils, et située au bas des reins. Les femmes du pays sont belles et sans queue. Cette
peuplade a un teint ou fuligineux ou noir,
et possède beaucoup de vaches et de moutons, mais peu de chameaux. Un désert
sans eau la sépare de Harar. J'ai vu une
quinzaine de ces gens à Berberah, et je
suis bien sûr que la queue est naturelle ;
mais je ne l'ai pas touchée de mes mains. »

Enfin, et pour en finir avec tous les témoignages à l'appui de l'existence des
hommes à queue, un recueil littéraire,
aussi sérieux que recommandable, le *Magasin pittoresque*, relate le fait suivant :
« Un des deux nègres attachés à la ména
gerie du capitaine Huguet, que l'on a vue
l'an dernier (en 1852), près la barrière de

l'Étoile, à Paris, a affirmé à M. de Paravey
qu'il connaissait bien les Niam-Niams, que
ces hommes à queue vivent sur des arbres,
comme dans des nids ; et il a chanté une
chanson nègre fort connue en Afrique , où
l'on célèbre l'appendice caudal de ces êtres
singuliers (1). »

M. D'Abbadie pose comme axiôme qu'en
Afrique « un premier dire est une indica-
cation ; qu'un deuxième, s'il est identique,
est une confirmation, et qu'un troisième
du même genre est une vérification, »
pourquoi cet axiôme ne serait il pas vrai
chez nous ? — Si trois témoignages unifor-
mes suffisent pour établir la réalité d'un
fait, l'existence des hommes à queue ne
saurait donc plus être mise en doute.

Cependant vous aurez dû remarquer

(1) *Magasin pittoresque.* — Mars 1853, p. 98.

quelques dissidences entre les versions des divers voyageurs que j'ai cités, et, entre autres, celle qui a rapport aux femmes des Niam-Niams. D'après le récit de M. Francis de Castelneau, elles seraient, comme les hommes, pourvues d'une queue, tandis que, suivant le prêtre abyssin dont parle M. D'Abbadie, les femmes des Ghilânes seraient belles et sans queue.

Je ne me dissimule pas tout ce que de semblables contradictions peuvent laisser de doute dans l'esprit; mais ces contradictions perdent beaucoup de leur importance si l'on réfléchit que les sentiments de pudeur et de coquetterie ne sont pas étrangers aux femmes des sauvages, puisqu'au rapport même de M. de Castelneau, celles-ci portent une feuille attachée autour du corps, tandis que les hommes sont entièrement

4.

nus (1). Kidana-Maryam a bien pu ne pas
soulever la feuille protectrice de la pudeur
des femmes des Niam–Niams , et croire au
mensonge que leur suggérait peut-être l'instinct de la coquetterie ; je suis d'autant
plus autorisé à penser ainsi, que, pendant
son séjour à Paris, le prince Mohamed-
Abd-el Djellil , fils du dernier sultan de
Fezzaa, a confirmé tout à la fois l'existence
des Niam-Niams au sud du Bournou, où
règne son beau-frère, qui leur a fait la
guerre, et la réalité de la queue chez les
deux sexes, opinion partagée par le sultan
de Tuggurth, le cheick Abd-el-Rachman-
Ben-Dzellab, qui m'a assuré avoir eu dans
sa capitale une femme nègre, de la race des
Niam-Niams , pourvue de l'appendice caudal (2).

(1) Ouvrage cité, page 17.
(2) Il est à regretter que des circonstances indé-

Comme vous le voyez, l'existence des hommes à queue n'est plus contestable, et j'aime à croire que les témoignages dignes de foi dont j'ai corroboré mon récit auront porté la conviction dans votre esprit, Monsieur, et chassé de vos lèvres le sourire railleur que vous y aviez un instant laissé promener.

Vale et tibi olim, nunc et semper.

HADJI-ABD-EL-HAMID BEY,

(C.-L. DU COURET.)

pendantes de sa volonté aient empêché l'auteur de cette lettre d'atteindre, pendant son dernier voyage en Afrique, le pays des Niam-Niams, d'où il avait pour instruction spéciale du Gouvernement français de ramener un homme à queue. (*Voir le document à la fin du volume*)

(*Note du rédacteur en chef*)

L'étrangeté du phénomène que je signalais attira l'attention sur le travail que l'on vient de lire, et plusieurs organes de la presse l'analysèrent ou le reproduisirent en partie : M. Victor Meunier, entre autres, cette avant-garde si connue de la science progressive, apporta à la question anthrologique, soulevée par l'existence des Niam-Niams, non-seulement des faits nouveaux, mais encore des déductions scientifiques : « Si, comme on n'en peut douter, dit le savant rédacteur de la *Presse*, cet étrange caractère est celui de toute une race, son apparition accidentelle dans les rameaux de l'espèce humaine, d'où il est habituellement absent, n'a plus rien d'invraisemblable. Or, en à croire certains auteurs, ce fait ne serait pas très rare. J.-B. Robinet, dans un livre intitulé : *Essais de la nature qui apprend à faire l'homme,* livre qui

tient toutes les extravagances que le titre
promet, en cite d'assez nombreux exemples.

» Un certain Cruvillier de la Croutat, qui
fit avec succès la course contre les Turcs,
« a été aussi connu par la queue avec laquelle il était né, que par ses actions de
valeur. » Une limonadière de Paris avait
une queue « que cinquante personnes ont
vue. » Un procureur, à Aix, nommé Ber-
nard, était surnommé *Queue-de-Porc*,
«parce qu'il était connu pour avoir réelle-
ment une queue, qu'on lui avait vue lorsqu'il se baignait étant enfant, » etc.

De son côté le docteur Daumas, après
avoir reconnu, par de hautes considérations
philosophiques, la possibilité d'existence
d'hommes à queue, fait la déclaration sui-
vante dans le *Mousquetaire :*

« Nous-même, qui écrivons ces lignes,

nous avons beaucoup connu un jeune homme décoré du même appendice. Malheureusement l'amour-propre, à défaut de la pudeur, le rendait si honteux à cet endroit, qu'à peine s'il a consenti à le laisser voir à trois ou quatre personnes.

« Et même, ici je m'accuse, usant de la confiance que l'individu accordait à mon titre de médecin, et ignorant la légitimité de cet organe, de m'être appliqué, pendant quinze jours, à le rogner de plus de moitié. Je m'en repens, mais le fait n'en existe pas moins. »

Tous ces faits, ainsi que beaucoup d'autres que je pourrais encore citer, n'ont qu'un lien de parenté fort éloignée avec le phénomène si constant qui distingue la race des Ghilânes. Tandis que les premiers sont des anomalies, ou, comme la science les appelle, *des vices de conformation* d'une

organisation déterminée, la queue des Niam.
Niams constitue un caractère de toute une
race et s'élève par conséquent au rang de
fait anthropologique.

Ce n'est qu'à ce titre que le Ghilâne offre
de l'intérêt au zoologiste et aux curieux de
la nature.

Mais voici qui est plus grave :

Le docteur Félix Roubaud, qui m'avait
donné une hospitalité si grâcieuse dans son
journal, m'écrivit, quelques jours après la
publication de mon travail, la lettre sui-
vante :

« Mon cher Monsieur,

» M. Paulin, directeur de *l'Illustration*,
avec qui, vous le savez, je suis en rapport
de collaboration, m'a adressé M. Trémaux,

voyageur, comme vous, dans l'Afrique centrale, afin d'avoir des renseignements précis sur les hommes à queue dont vous avez
donné un spécimen dans le journal que
je dirige.

» M. Trémaux, avec qui j'eus le plaisir
d'avoir une conversation trop courte pour
mon instruction, pense, sans contester la
véracité de votre récit, que les voyageurs
qui ont parlé des Niam-Niams ont pu être
induits en erreur par la coutume de certains sauvages, consistant à garantir la partie postérieure du bassin et à laisser l'anté-
rieure dans toute sa nudité. Ce vêtement
bizarre, si je puis ainsi dire, de forme
triangulaire, est retenu aux reins au moyen
d'une courroie en cuir, et se termine, à son
angle inférieur, par une languette qui, vue
de loin, simule assez exactement une
queue pendante entre les jambes.

» M. Trémaux a reproduit par la lithographie quelques épisodes de ses voyages; *l'Illustration*, je crois, en doit publier quelques-uns (1). Ce matin, j'ai vu une de ces lithographies chez le directeur de la partie artistique de ce journal, et je puis vous assurer que le vêtement en question rappelle assez bien, chez certains sauvages qui le portent, la queue *naturelle* dont vous gratifiez la tribu des Ghilânes.

» L'ignorance dans laquelle j'ai vécu jusqu'à présent à l'endroit des Niam-Niams, ne me permet pas de m'immiscer dans ce débat; mais je vous dois, en retour de l'honneur de votre collaboration, de vous transmettre toutes les communications qui me sont faites sur ce sujet. Celle de M. Tré-

(1) Les dessins et l'article que m'annonçait M. Félix Roubaud ont en effet paru dans le journal *l'Illustration,* n⁰ du 7 octobre.

maux n'est sans doute pas en opposition avec votre récit ; elle peut même le confirmer, si le Niam-Niam, mêlé à des hommes sans queue, éprouve quelque honte de son étrange conformation.

» A vous de cœur,

» Félix ROUBAUD. »

Paris, le 15 septembre 1854.

Le récit de M. Trémaux est applicable à plusieurs tribus nègres de l'intérieur de l'Afrique, qui portent en effet le vêtement dont il s'agit, et la confusion dont il parle serait possible si ces nègres étaient inabordables, et si les Niam-Niams n'avaient jamais été vus que de loin.

Les hommes à queue, dont j'ai moi-même touché, examiné et interrogé une individualité, sont assez communs sur le littoral de la mer Rouge, où ils sont amenés en esclavage, ainsi qu'on le verra plus loin, pour qu'on ne puisse pas confondre avec un lambeau de leur vêtement, le bizarre attribut de leur organisation.

II.

RELATION DE VOYAGE.

5.

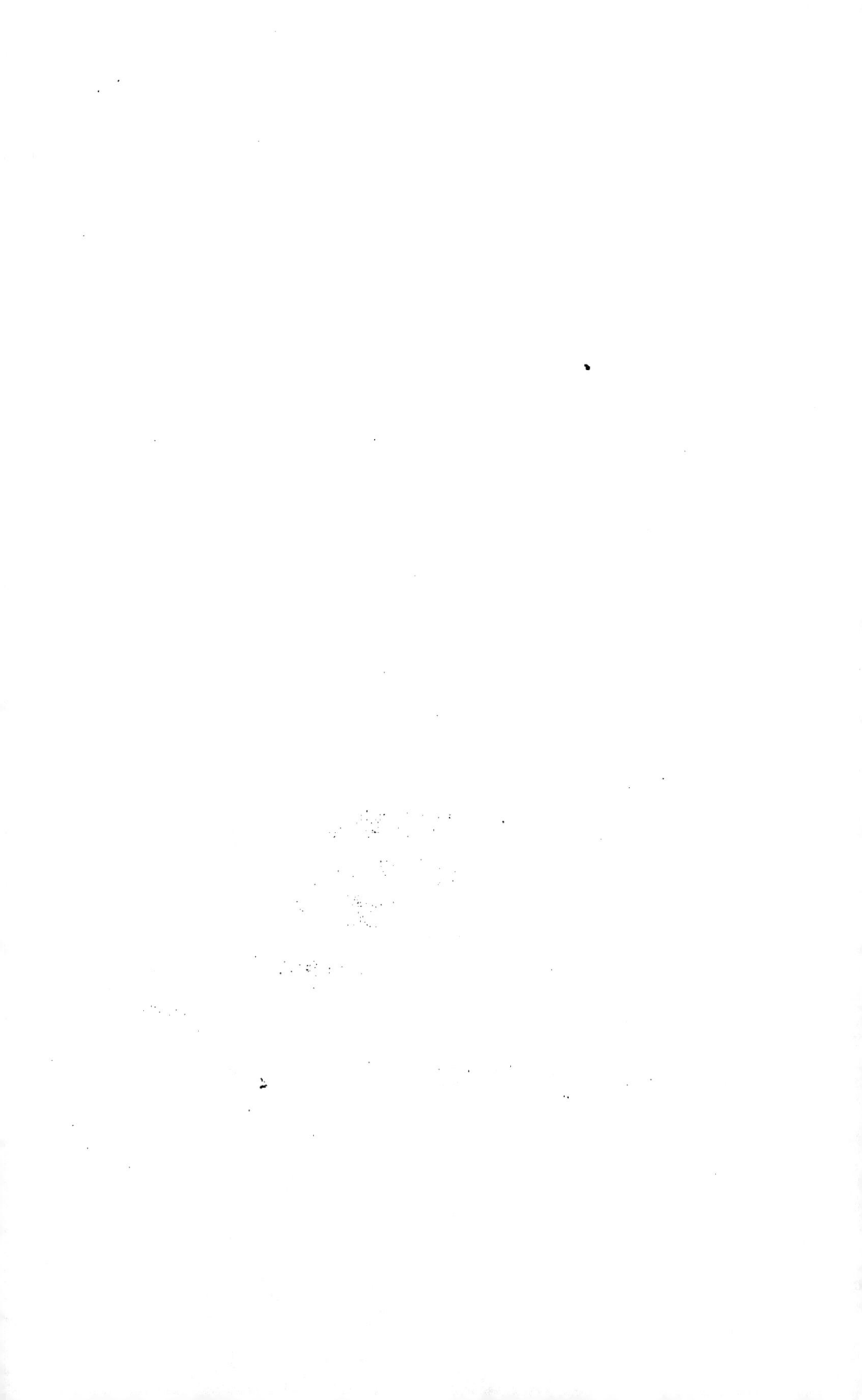

. . . .

Le 8 janvier 1840, nous arrivions par
10° 15' de latitude nord, — 29° 30' de longitude est, — près de l'embouchure d'une
forte rivière, qui, de l'ouest, vient se réu-
nir au Nil, lequel , à cette hauteur , porte
encore le nom de *Bahr-el-Abiad*. Cette ri-

vière tarit pendant l'été, mais il est toujours facile de s'y procurer de l'eau pota-
ble, en creusant à peu de profondeur dans
son lit sablonneux. D'après les naturels
de cette contrée (*les Schéllouks et les Dinkas*), puis d'après *les Noubahs*, dont elle
arrose le pays, elle vient du royaume du
Dar-Four, c'est-à-dire du nord-ouest, par-
court une étendue d'environ cent cinquante
lieues et porte successivement, près de son
embouchure, le nom de *Bahr-el-Nileh*,
plus loin celui de *Rachad-el-Achmar*, et
enfin celui de *Ouach-Solongo*.

A quelques jours de là, après avoir vu de
nombreux villages, nous atteignîmes *Dénab*,
chef-lieu et résidence du *Mek Niédak*, sou-
verain puissant de l'importante peuplade
des *Schéllouks*, qui occupe la rive gauche
du Nil et la majeure partie des îles formées

par ce fleuve, depuis le 14° de latitude
nord.

Arrivés par 9° 25' de latitude nord et 28°
30' de longitude est, nous rencontrâmes,
sur la rive droite du fleuve, la large embouchure d'une autre forte rivière, qui, de
l'est, vient se joindre au Nil, dont elle est
un des principaux affluents, par la quantité
d'eau qu'elle y apporte. Cette rivière se
nomme *Saubat;* elle est poissonneuse et
roule, comme *le Pipar et le Djal*, autres
affluents du Nil qui la précèdent, et paraissent avoir la même origine, quelques sables aurifères.

Le Nil, qui, jusque là, avait suivi toujours à peu près une même direction du
sud au nord, à part ses nombreux tours et
détours, formait ici un coude ou plutôt un
angle parfait et arrivait en ligne droite de
l'ouest. Nous le traversâmes au moyen de

pirogues pour voir une partie du pays marécageux des *Nouérrs*, peuplade importante de pasteurs, qui se trouve sur la rive
droite du fleuve ; elle appartient à la famille
nègre des *Dinkas*, ses voisins du nord, dont
elle parle l'idiôme et dont elle n'est sépa-
rée que par *le Nil* et *le Saubat*. Nous vou-
lions abréger notre route, c'est-à-dire cou-
per en ligne droite la pointe de terre
formée là par la direction ouest du Nil, dont
nous comptions rejoindre plus loin le lit
que les *Nouérrs* nomment *Bahr-el-Oulou*,
et qui, d'après les renseignements fournis
par eux, se trouvait à environ cinquante
lieues sud-ouest *(8 jours de marche)*, cou-
lant dans la direction du sud-sud-est au
nord-nord-ouest, vers un lac et un pays très
marécageux, d'où il se porte à l'est pendant quarante lieues de distance environ
(6 jours de marche), jusqu'à l'embouchure

du *Saubat*, pour couler ensuite vers le nord.

Nous trouvant par 8° 30' de latitude nord, et 26° 47' de longitude est, sur la rive droite du Nil, dans le pays de ces mêmes *Nouérrs*, dont j'ai parlé plus haut, plusieurs de mes compagnons, connaissant parfaitement le langage des *Dinkas*, parlé également par les *Nouérrs*, je pus prendre quelques renseignements qu'il m'importait de recueillir relativement au pays où nous étions, aux contrées environnantes, et particulièrement à celles situées au sud et à l'ouest.

J'appris donc de ces naturels que les sources du fleuve qui arrose leur pays, le Nil blanc *(Bahr-el-Abiad)*, qu'ils appellent comme les *Schéllouks*, qui vivent sur la rive opposée, et comme les *Dinkas*, qui se trouvent au nord, *Bahr-el-Oulou*, étaient

encore très éloignées. J'avais vivement à
cœur de les atteindre, afin de pouvoir m'at-
tribuer le mérite de cette découverte. Le
Bahr-el-Oulon est bien à l'ouest du pays
des *Barry* ou *Bérh*, peuplade importante,
qui se tient au sud, à peu près à cent ou
cent vingt-cinq lieues. Ils parlent un idiôme particulier, et sont pasteurs, pêcheurs,
chasseurs et guerriers, tout en se livrant
à l'agriculture et au commerce, à l'ex-
ploitation de quelques mines de fer et à
quelques petites industries *(la fabrication
de leurs armes et autres ustensiles).* Ils
occupent enfin un pays bien cultivé et pro-
ductif, situé à vingt ou vingt-cinq journées
de marche. Je sus que, suivant ces der-
niers, avec lesquels les premiers avaient
quelquefois des rapports, le fleuve au delà
de leur pays venait du sud-ouest, traver-
sait une grande chaîne de montagnes, au

delà de laquelle il roulait dans une nouvelle
vallée et présentait un lit hérissé de rochers,
peu profond et parsemé d'îles , qui , ainsi
que ses rives , étaient très fertiles, et occu-
pées par des populations sauvages, antro-
pophages, et, par conséquent, peu hospita-
lières. Ses sources, me dirent-ils, passaient
pour se trouver à environ trente ou trente-
cinq jours de marche au sud-ouest de leur
territoire, dans une contrée montagneuse,
où elles sont l'objet de la vénération d'une
peuplade importante, qui se distingue des
autres par sa férocité et ses usages barbares
à l'égard de ses prisonniers, qu'elle immole
et dévore ensuite ; elle vit enfin dans l'état
le plus sauvage, et tous ses individus, mâles
et femelles, ont une queue comme les singes,
auxquels ils ressemblent, et ressembleraient
mieux encore s'ils n'avaient un langage.

Il résulte de ces renseignements aussi

6

vrais, qu'il est possible de les avoir, lorsqu'il faut se contenter de questionner des
peuples généralement peu au courant de
tout ce qui est éloigné du pays qu'ils habitent, que les sources du Nil se trouveraient
au sud du Donga, dans les monts de la
Lune *(Djebel-el-Komri)*, si souvent con-
testés, et qui, cependant, existent, environ
par 4° de latitude nord et 24° 26' de longitude est, c'est-à-dire à environ deux cents
lieues *(trente-cinq à quarante journées de
marche)* au sud-ouest du lieu où nous nous
trouvions *(le pays des Nouérrs)*.

Mes compagnons de voyage *(des Senâa-
riens)* étaient complétement démoralisés
par le peu de bénéfices qu'ils avaient encore pu réaliser jusqu'alors, par les maladies
qui les décimaient, par la mort de plusieurs,
par la disparution ou plutôt la perte de l'un
d'eux, qu'il avait été impossible de retrou-

ver *(Ali Aga)*, par les fatigues et les privations qui les exténuaient, dans un pays où, pendant le jour, il faisait de 40 à 42° de chaleur, tandis que les nuits étaient froides et abondantes de rosées, qui nous pénétraient au point de nous obliger d'allumer d'énormes feux et de nous couvrir plus que dans les pays tempérés. Accablé moi-même, je dus céder à leurs observations et me soumettre à rétrograder, car tous refusaient de me suivre davantage, et ne voulaient, à aucun prix, séjourner plus longtemps dans un pays où ils pensaient mourir les uns après les autres. Il fallut donc renoncer à pénétrer plus avant, et à s'aventurer dans le pays des *Fertits*, peuplade païenne et anthropophage, qui habite vers l'ouest, à environ vingt jours de marche des monts *Djeb-el-Châla* ou *Djeb-el-Nahas*. J'aurais bien voulu étudier aussi les usages, les

mœurs et la conformation d'une autre peuplade importante connue des Arabes, sous
le nom de *Ghilânès*, et que les Djelabs ou
marchands d'esclaves m'avaient souvent
assuré exister dans la contrée où se trouvent les sources du Nil blanc, au delà du
Donga. Ces renseignements m'avaient été
successivement confirmés par les *Noubahs,
les Schéllouks, les Dinkas* et *les Nouérrs*.
J'avais tout lieu de les croire certains;
mais force me fut de m'arrêter en présence
des obstacles insurmontables qui se dres-
saient devant moi et contre lesquels j'étais
impuissant à lutter.

Mes compagnons désiraient, par contre,
visiter le *Dar-Four* avant de revenir en
Nubie; l'espoir d'une nouvelle fortune les
guidait, tandis que j'étais stimulé par l'u-
nique désir de faire de nouvelles découvertes et d'écrire une relation exacte de

cette contrée intéressante, où si peu de voyageurs avaient pénétré avant moi. Il fut donc décidé que nous nous dirigerions vers cette contrée éloignée de nous d'environ 200 à 250 lieues et située au nord-ouest du pays des *Nouérrs*.

Le 20 février 1840, nous nous retrouvions près du Nil, sur sa rive droite ; les naturels avaient des radeaux, au moyen de quelques-uns desquels nous pûmes redescendre le courant du fleuve qui est peu rapide ; les eaux étaient basses et laissaient à découvert une foule d'îles invisibles pendant la saison des pluies, du 15 juillet à la fin de septembre. Après avoir suivi les nombreuses sinuosités que fait le lit du fleuve au milieu des immenses marécages qu'il traverse, nos pirogues étant habilement construites et bien dirigées par ces indigènes, *les Nouérrs*, nous eûmes bien

6.

tôt franchi l'espace qui nous séparait du lac dont j'ai parlé déjà, 50 *lieues environ.* Le 23 février nous l'avions atteint, et je pus vérifier moi-même l'exactitude de tous les renseignements que les *Schéllouks*, dans le pays desquels il se trouve situé, m'avaient fournis à son sujet.

Ce lac, qui sans doute n'est que le lac *Couïr*, signalé déjà par plusieurs géographes, mais peut-être à une latitude moins éloignée, est très irrégulier de forme, très étendu, assez profond, très poissonneux, occupé par plusieurs îles et environné de vastes marais ; il reçoit de l'ouest les eaux d'une forte et grande rivière nommée *Keï-lak*, qui n'est pas le *Misselad* de *Browne*, comme on l'a cru, puisque celui-ci coule du sud vers le nord, et va se perdre à l'ouest, près de Baghermi, dans le lac *Fittre*. Le *Keilah*, suivant les *Schéllouks*, a sa source, ainsi que le *Misselad* et le *Doni,* qui se dirige vers l'ouest, et le *Dar-Koula,* où il va se perdre dans un lac, dans les monts de cuivre, appelés *Djebel-Châla* ou *Djebel-Nahas, situés à l'ouest, à environ* 100 *lieues ou* 20 *jours de marche, dans le pays des Fertits et de plusieurs peuplades payennes,* à peu près sous la même latitude que celle où nous nous trouvions, par 20° 30' de longitude-est. *Les Fertits s'aiguisent les dents, se les teignent en rouge, et passent pour être anthropophages et pour adorer la lune.*

Plus au nord du lac près duquel nous étions, *(le lac Couir sans doute),* lequel est traversé par le Nil, y entrant au sud et en ressortant à l'est, lac situé par 9° 20' latitude-nord et à peu près par 26° 30' de longitude est, on aperçoit l'embouchure

d'une autre forte rivière, dont les deux rives
sont couvertes de bois épais, servant de
retraite à de nombreuses bandes d'éléphants. Cette rivière, que les *Noubahs* et
les *Schéllouks* nomment *Bahr-el-Addah*
et dont ils prétendent que les sources se
trouvent aux monts *Djebel-Marrah*, dans
le *Dar-Four*, *au nord du Dar-Fungara*,
vient de l'ouest nord-ouest, et, après avoir
traversé le *Dar-Fungara* et *une partie du
Dar-Abadima, à l'ouest des monts Djebel
Noubahs*, apporte ses eaux limoneuses au
Nil. Prenant la rive gauche de cet impor-
tant affluent, nous le suivîmes jusques aux
environ du 24° 30' de longitude est, dans
le *Dar-Abadima*; son lit n'avait cessé
d'être large et parsemé de petites îles ver-
doyantes, couvertes de bois.....

Nous venions de visiter bien des contrées
intéressantes et curieuses, bien des peu-

plades non moins attrayantes pour l'homme
avide de voir et de bien voir, que les pays
qu'ils habitent ; nous venions de quitter les
Schéllouks ; nous arrivions au milieu d'indigènes, nègres aussi, mais remarquables
par leur taille et leur force, par leurs usages, par leurs mœurs, dont je compte
parler avec détail dans la relation générale
de mes voyages ; nous avions vu aussi
des Noubahs, des Dinkas et des Nouérrs.

Les *Noubahs* se divisent en trois races
différentes, les indigènes du *Kordofan,*
qui ont leur chef à *Obeit,* les *Dongolais,*
qui, à diverses époques, sont venus s'établir dans le pays, et les *Arabes Bédouins,*
qui y vivent en nomades ; presque tous
sont agriculteurs, ils élèvent beaucoup de
chameaux et de bœufs. de moutons et de
chèvres, dont ils savent parfaitement pré-

parer les peaux. Chaque village a son chef, dont la dignité est héréditaire.

Les nègres des montagnes se partagent en un nombre infini de peuplades distinctes dont chacune habite communément une seule hauteur, un seul groupe. Ils ont les cheveux laineux, les lèvres épaisses, le nez court et gros, les yeux noirs et vifs, les dents grandes et d'une blancheur éblouissante, peu de barbe, car, en général, les nègres sont peu velus ; leur peau est d'un noir luisant, douce au toucher comme du velours ; ils sont la plupart bien constitués, d'une taille moyenne, intelligents, agiles et forts. Leurs femmes ont l'habitude de porter leurs enfants sur le dos, et il en résulte quelques difformités pour ceux-ci. Elles aiment à se parer de colliers en verroterie, de bracelets et d'anneaux de bijouterie fausse et d'ivoire. Les hommes sont adroits à lancer des

javelots empoisonnés ; ils se fabriquent
eux-mêmes des sabres recourbés, des lances
et des boucliers en cuir dur, dont ils font
usage dans leurs combats, toujours meur-
triers.

Dans le Kordofan méridional, quelques
tribus seulement professent l'Islamisme,
les autres sont généralement payennes, adorent la lune, et croient toutes à une autre
vie. — Leur existence est généralement
paisible, et, par conséquent, heureuse ;
cependant, ne récoltant que des produits
bien insuffisants à leurs besoins, il en résulte souvent des dissensions, et la nécessité
force quelquefois une mère à vendre ses
enfants, un frère à céder sa sœur pour un
peu de graines de Dourah.

Les Noubahs parlent quatre idiomes principaux : *le chabonn, le deïr, le koldagi* et

le gakéle, dont chacun se divise en plusieurs dialectes.

Les Arabes du Kordofan formaient autrefois douze tribus importantes, mais le despotisme égyptien les a réduits à sept : les *Dérihannat*, les *Habanies*, les *Gironnes*, les *Hemasmé*, les *Lissera*, les *Hammer* et les *Mousirir*. Les cinq premières ont pris le nom général de *Bakara*, qui signifie berger-pasteur, parce qu'elles se livrent presque exclusivement à l'élève des troupeaux. Les autres, au contraire, font la chasse aux éléphants, qui, dans la saison des pluies, parcourent leur pays par nombreuses bandes : elles habitent les contrées situées au sud d'*Obeïd*, où souvent elles se font la guerre. Alors elles se revêtent de casques, de cottes de mailles, de brassards en fer ; quelques chefs même couvrent leurs chevaux de housses en mailles du même

métal d'ailleurs ; cet usage existe, il paraît,
dans plusieurs autres contrées de l'Afrique.

Les *Dinkas* habitent un pays situé au
sud-ouest du *Dar-Bouroum*, sur la rive
droite du *Bahr-el-Abiad*, ayant pour chef-
lieu un gros village du même nom. Ses
productions sont celles du *Bertat*, qui se
trouve à l'est et présente à peu près un as-
pect analogue. Ils parlent un idiôme presque semblable à celui des *Schéllouks*, mè-
nent le même genre de vie et paraissent
souvent maladifs. Leur pays est sillonné de
rivières, de torrents, et couvert d'épaisses
forêts, retraite d'animaux féroces, auxquels
ils font une chasse à la fois intelligente,
persévérante, adroite, lucrative, utile, mais
toujours environnée de périls. Nombreux,
intrépides et guerriers, quelquefois cruels,
ils sont fort redoutés de leurs voisins du
Bouroum et du *Bertat*, avec lesquels ils

sont souvent en guerre pour leur imposer le droit du plus fort.

Leurs armes sont la lance, garnie d'un fer long d'un pied et demi et large de cinq à six pouces, des cornes droites, fixées à de longs bâtons, des dards en fer, des massues courtes, grosses d'un bout, pointues de l'autre, qu'ils lancent toujours fort loin, et qui atteignent presque toujours leur but; enfin des boucliers en peau d'éléphant, d'hippopotame, de crocodile; puis des arcs et des flèches qu'ils empoisonnent, et dont les blessures sont presque incurables. Ils sont idolâtres la plupart, et adorent les astres. Ils ne s'approchent des rives du fleuve que lorsque le soleil a entièrement grillé les contrées intérieures et fertiles de leur pays, où la température est toujours brûlante, mais qui fourmille d'éléphants, parce qu'il est couvert, marécageux, et con-

séquemment humide et malsain. Là ils vivent comme en famille, avec leurs troupeaux, dans lesquels on remarque de ces
bœufs à cornes énormes, semblables à ceux
des anciens Egyptiens, et qu'eux aussi fê-
tent et honorent.

Ils se livrent aussi beaucoup à la pêche,
qui leur fournit un de leurs principaux
aliments. Quoiqu'ils aient des cabanes en
terre et en paille, de formes diverses, mais
particulièrement rondes, ils préfèrent vivre
au milieu de leurs animaux, pêle-mêle, sans
distinction de sexe ni de famille, sans distinction d'âge, dans des cendres chaudes
provenant de la combustion des fumiers de
leurs bestiaux, brûlés de manière à produire
une fumée épaisse, et à les délivrer des
moustiques qui pullulent autour d'eux, et
aux piqûres desquels ils sont d'autant plus
sensibles, que leur peau est très-fine et qu'ils

se tiennent presque toujours dans la plus complète nudité, les vêtements leur étant insupportables.

Les articles qu'ils recherchent le plus sont : *la verroterie, les petits miroirs, les couteaux, les rasoirs, les ciseaux, les aiguilles, la bijouterie fausse, les perles fausses, le faux corail, les petites fioles, le fil de cuivre.*

Ils donnent en échange :

Des *dents d'éléphant*, qui leur servent à faire des anneaux pour les bras et les jambes des femmes, ou des pieux pour attacher leurs bestiaux ; *des cornes, des peaux de bœufs*, quelquefois *de l'or*, dont ils ne connaissent pas la valeur; *des plumes d'autruche, du musc, de la cire et du miel.*

Ils ont un roi (*Mek*) qui se distingue par

une coiffure, espèce de turban, couvert de plumes d'autruche.

D'autres singuliers usages se font remarquer chez ces naturels, entre autres, ceux de suspendre une sonnette au dos des enfants des riches, au bras gauche des personnes âgées ; d'arracher aux enfants des deux sexes, dès qu'ils atteignent l'âge de puberté, les quatre dents incisives inférieures, parce qu'ils les croient inutiles ; de se raser la tête et de s'épiler le corps.

Les hommes ont autant de femmes qu'ils en veulent. Celles-ci se ceignent d'une peau en forme de jupon ; les filles ne portent qu'une petite peau qui leur couvre la chûte des reins, et qu'elles nouent par devant. Les femmes, suivant leur aisance, et surtout les filles, aiment à s'orner le corps de colliers et de ceintures de verroterie ; de boutons et d'anneaux en ivoire,

7.

en fer, en cuivre, en argent, en corne, en
verre ; de bagues en métaux divers. Leurs
mariages les soumettent à un usage bien
dégoûtant et bien original, consistant, de la
part de l'homme et de la femme, à se couvrir mutuellement tout le corps, la tête et
le visage, d'une épaisse couche de suif ; à
s'exposer hors de leur cabane conjugale, à
toute l'ardeur du soleil, en plein midi, pour
faire fondre, pendant plus d'une heure, la
couche grasse qui les couvre ; et à se faire
frotter l'un par l'autre ; ces frictions sem-
blent être, pour les hommes, une des plus
grandes jouissances, et pour les femmes
une coquetterie raffinée.

Les femmes des Dinkas sont jolies et bien
faites, d'une fécondité extrême, et se ma-
rient fort jeunes ; elles se conservent cependant quelque temps encore ; il n'est pas
rare d'en voir qui mettent deux enfants

au monde à la fois ; il est très ordinaire aussi de rencontrer des mères qui allaitent un enfant, suivies d'un autre marchant à peine, et qui en portent plusieurs autres sur le dos.

Les Schéllouks sont les mêmes qui, au quinzième siècle, envahirent le *Sénnar*, et y prirent le nom de *Gamgi*.

Ceux-ci occupent, comme on l'a vu plus haut, la rive gauche du Nil, où ils forment un État considérable : on en évalue la population à plus d'un million d'âmes, soumis à un roi, qui prend, comme celui des Dinkas, le titre de *Mek*, et fait sa résidence dans un gros bourg (*Dénab*), où il jouit d'une très grande autorité.

Ces naturels parlent à peu près le même idiome que les précédents ; ils ont cependant aussi un langage particulier, qui n'est compris par aucune des peuplades environnantes.

Les Schéllouks, astucieux, cruels, de mauvaise foi, susceptibles, défiants, jaloux, égoïstes, fiers, braves et pleins d'ardeur dans les combats, intelligents et rusés, sont la terreur de tous leurs voisins, qui les évitent et craignent de se mettre en rapport avec eux, prétendant qu'ils sont anthropophages, ce que je n'ai pas eu l'occasion de vérifier : ils sont pasteurs, élèvent de nombreux et beaux troupeaux et occupent un magnifique territoire, d'une étendue d'environ 120 lieues de longueur sur 15 à 20 de large. Du reste, ils en profitent peu, ne semant qu'un peu de dourah et aimant mieux vivre des graines et des plantes qui viennent naturellement dans les terrains marécageux qui les environnent.

Ceux-ci sont idolâtres ; l'objet de leur vénération est *Niécama*, qu'ils adorent sous la forme d'un arbre ; ils habitent de jolis villages qui se composent de deux à trois cents cabanes appelées *Goucouls*, de forme cylindrique, construites en terre, recouvertes en paille , placées à peu de distance les unes des autres, le long du fleuve , sur un, deux, quelquefois même trois rangs ; beaucoup d'entre eux ne professent aucun culte.

Leurs armes sont l'arc , la flèche empoisonnée, la lance, le casse-tête en bois dur, et le bouclier.

Ils sont nègres et généralement d'un noir brillant ; leur peau est douce au toucher et peu velue ; ils sont généralement grands , forts, agiles, adroits et bien faits, intelligents, courageux et intrépides , excellents chasseurs, terribles dans leurs rencontres avec

leurs voisins , n'usant encore d'aucuns vêtements.

Leur pays est montagneux ; plusieurs
rivières , plusieurs torrents l'arrosent , entre autres , *le Bahr-Jndry* , *le Bahr-Her-
ras* et le *Bahr-el-Addah*, qui se réunissent
ensuite au Nil. Leur source est, suivant quelques-uns d'entr'eux , dans les monts situés
à l'ouest du fleuve Blanc. Leurs montagnes
les plus hautes sont le *Djebel-Djensé* et le
Djebel-Femmoron, qui souvent , il paraît,
se couvrent de neiges.

Les *Nouèrrs*, dont j'ai déjà parlé aussi,
ne sont que des *Dinkas* essentiellement
pasteurs, élevant particulièrement des troupeaux de bœufs , de moutons , de chèvres,
au milieu desquels ils vivent. Ils les font
paître parmi les bandes d'éléphants qui
parcourent les marécages et les plaines couvertes de graminées de leur pays. Ils pê-

chent aussi dans le fleuve et les marais. On aperçoit sur leur corps l'influence des lieux qu'ils habitent; ils ont l'air maladif, vont nus et sont laids à faire peur. Comme toutes les peuplades environnantes, ils se montrent courageux et guerriers; leurs combats, toujours sanglants, ont lieu principalement avec des populations, non moins féroces ni moins barbares, à ce que l'on prétend, lesquelles habitent au sud et à l'est de leur pays.

Comme les Schéllouks, ils ont des cabanes en terre et en paille, de diverses formes; mais éparses. Comme eux ils obéissent à un roi. Leurs usages et leurs mœurs sont à peu près analogues aussi, et ils sont nègres comme eux.

Arrivons enfin à la peuplade qui fait l'objet principal de ce livre, et que j'aurais bien voulu voir dans la contrée où l'on dit qu'elle se trouve, afin d'être à même de l'étudier dans ses plus petits détails, dans ses usages, dans ses mœurs, de tâcher de m'en procurer, ou de décider plutôt un homme et une femme à me suivre en France.

Voici ce que les Djelabs arabes et nubiens m'ont raconté au sujet de la peuplade des *Ghilânes*, dont le nom signifie mangeur d'hommes ou anthropophage.

Les *Ghilânes* (1) forment une race d'hom·

(1) Dans le Zanguébar, où l'on m'en parla souvent, ils sont connus sous le nom de *Sayd-Asad*. Hadji Perviche, l'envoyé de l'Iman de Masca', et qui se trouvait à Paris en 1849, a pleinement confirmé leur existence sous ce nom. De plus Si-el-Hadj-Mohammed-Ben-Abd-el-Djillil, dont a parlé l'*Illustration* du 24 septembre 1853, tout en racontant les moyens employés par son beau-frère, *Maïj Omar*, sultan du Bournou, pour les réduire, a laissé à Paris plusieurs desseins faits par lui et représentant des Niam-Niams avec leur appendice.

mes particulière, qui offre beaucoup de similitude avec le singe. Plus petits que les autres nègres, leur taille s'élève rarement au-dessus de cinq pieds. Ils sont communément mal proportionnés ; leur corps est maigre et paraît faible ; leurs bras sont longs et grêles ; leurs pieds et leurs mains plus longs et plus plats que ceux des autres races d'hommes ; ils ont la mâchoire inférieure forte et très allongée, les joues saillantes, le front court et fortement rejeté en arrière, les oreilles longues et difformes, les yeux petits, brillants et d'une mobilité extrême, le nez gros et plat, la bouche grande, bordée de lèvres épaisses, garnie de dents aiguës et fortes, d'une blancheur extrême *(ils se les aiguisent).*

Il en a remis à M. Geoffroy Saint-Hilaire, au docteur Solaville, et, moi-même, j'en ai eu également un exemplaire.

8

Leurs cheveux frisent, mais ils sont peu laineux, peu épais et restent courts. Ce qui distingue particulièrement cette peuplade, c'est le prolongement extérieur de la colonne vertébrale, qui, chez chaque individu mâle ou femelle, forme une queue de deux à trois pouces de longueur.

Ils vivent par bandes nombreuses, à l'état complètement sauvage, sans aucun vêtement, se nourrissant des produits de leur chasse ou de leur pêche, de racines, de plantes et de fruits, que, sans le moindre travail, la bienveillante Providence, met à leur portée et fait croître spontanément. Ils sont armés de petites lances, d'arcs et de flèches, qu'ils empoisonnent avec adresse ; de massues en bois très dur ; de boucliers de peau d'éléphant, de rhinocéros, d'hippopotame, de crocodile ; ils cherchent souvent querelle aux tribus nègres qui les avoisinent, dans l'unique but de leur enlever des femmes, dont ils sont très friands, des enfants, d'autres victimes enfin, qu'ils dévorent sans pitié.

Ils sont idolâtres. Autrefois les Arabes en achetaient aux marchands d'esclaves (*Djelabs*). Aujourd'hui ils n'en veulent plus, parce que les enfants appartenant à cette race, qui leur étaient vendus, se laissaient dominer en grandissant par les instincts féroces naturels à leur espèce, et dévoraient les enfants de leurs maîtres.

On a plusieurs exemples de pareils faits dans les villes du littoral de la mer Rouge et à la Mecque, où, annuellement, à l'occasion du Pélérinage (*El Hadj*), qui y réunit des musulmans de tant de pays divers, il arrive beaucoup d'esclaves nègres des deux sexes, des contrées intérieures de l'Afrique. Aussi les Arabes, quand ils

achètent des esclaves, ont-ils grand soin
de vérifier minutieusement si, parmi ceux
qui leur sont offerts, il ne s'en trouve pas
dont la colonne vertébrale se prolonge en
forme de queue.

Les Nubiens, les Noubahs et même quelques Schéllouks et Nouèrrs, près desquels
je pris des informations, me confirmèrent
ce que les Arabes m'avaient dit de cette
peuplade, et m'assurèrent en avoir vu provenant de l'intérieur, d'où ils arrivaient
avec des marchands qui les transportaient
en Égypte.

Je vais rapporter maintenant ce que j'ai
été à même de voir par moi-même.

J'habitais la Mecque en 1842. Un émir,
auquel j'exprimai les doutes qu'ont les
Européens sur l'existence d'hommes ayant
une queue, voulut me convaincre de la
réalité du fait : il fit venir devant moi un

de ses esclaves qu'il nommait *Béilal*, âgé
de 30 ans environ, et appartenant à la
race des Ghilânes.

Cet esclave parlait parfaitement l'arabe
et paraissait assez intelligent : je causai assez longuement avec lui, et il m'apprit
que, dans son pays, on parlait une langue
que le défaut d'usage lui avait complètement fait oublier ; que ses compatriotes,
dont il portait le nombre à trente ou quarante mille à peu près, adoraient, les uns le
soleil, la lune, certaines étoiles fixes, d'autres des serpents et les sources d'une grande
rivière à laquelle ils immolaient des victimes (*probablement les sources du Nil*);
qu'ils mangeaient habituellement et avec
délices de la chair crue et, autant que possible, fraîche, c'est-à-dire saignante ; qu'ils
aimaient surtout enfin la chair humaine,
et qu'après les combats auxquels ils se li-

vraient avec leurs voisins, lorsqu'ils fai-
saient des prisonniers, ils les immolaient et
les mangeaient sans distinction de sexe et
d'âge ; que les femmes et les enfants cependant étaient préférés, parce que leur
chair était plus succulente.

Ce Ghilâne était devenu un musulman
plein de ferveur ; il habitait la ville sainte
depuis plus de quinze ans ; il y était venu
fort jeune. Toutefois, le désir, je dirai plus,
l'habitude, le besoin, car c'en était un
pour lui, de manger de la chair crue,
n'avait pas tardé à reparaître chez lui, et
son maître, par prudence, ne manquait
pas, chaque fois que cette envie lui prenait, de lui faire donner un énorme mor-
ceau de mouton, qu'il dévorait presqu'avec
rage, devant tout le monde. Ce besoin de
manger de la chair crue se manifestait
chez lui presque périodiquement deux fois

la semaine. Quand cet affreux appétit venait l'assaillir, sa raison le maintenait bien
un peu, mais elle n'était pas assez puis-
sante pour lui faire vaincre cet horrible
penchant. J'ai donc souvent assisté à son
repas étrange, bizarre, sauvage, répugnant,
et lui ayant demandé pourquoi il ne cher-
chait pas à se corriger de cette hideuse habitude, il m'a répondu franchement : « Je
l'ai essayé fréquemment, mais jamais je
n'ai pu surmonter cet instinct, dont j'ai
hérité de mon père et de ma mère. Dans
mon pays, petits et grands vivent ainsi, et
si mon maître négligeait de satisfaire ce
penchant que la nature m'a donné, je
sens que je ne pourrais résister au besoin
de dévorer quelque chose, et que je ferais
un grand malheur en me jetant sur un enfant, sur une pauvre créature qui serait
trop faible pour me résister. »

Lui ayant demandé s'il ne préférerait pas
la chair humaine à celle qu'on lui donnait
habituellement, et si cette dernière avait
pour lui le même goût, le même suc, si
enfin elle le satisfaisait autant, il me répon-
dit que, dans son pays, on ne mangeait pas
seulement les hommes pour satisfaire son
goût, mais aussi par vengeance; que rien
n'était aussi délicieux que le sang et la
chair d'un ennemi; que, bien que la chair
humaine fût préférable à toutes les autres,
celle qu'on lui donnait le satisfaisait pleinement et le délivrait de la crainte de com-
mettre un crime.

Lui ayant demandé à le voir nu, dé-
pouillé de son vêtement, pour pouvoir le
dessiner, il me résista longtemps; il était
bon musulman, je n'en fus donc pas éton-
né, et, bien que, dans son pays, personne
ne se couvre, qu'hommes, femmes, enfants

restent complétement nus par habitude ;
bien qu'à la Mecque même, il soit très
commun de rencontrer *des Fakrouris* du
Dar-Four et du Bourgou, à peine couverts,
venus pour accomplir leur pélerinage, il
me dit que ceux-là étaient parfaitement li-
bres d'agir à leur guise, parce qu'ils étaient
pauvres ; mais qu'à la Mecque, où se trouvait le temple du Seigneur *(Beith-Allah* ou
Haram-el-Schérif), cela convenait moins
qu'ailleurs, surtout, lorsque, comme lui,
on pouvait faire autrement.

Enfin, au moyen d'un vêtement neuf
dont je lui fis présent, je parvins à triom-
pher de ses scrupules, à lui faire ôter, mais
secrètement, parce qu'il avait peur de son
maître et du bâton, l'unique chemise de
grosse toile bleue qui le couvrait, et je pus
alors le contempler tout à mon aise chez
moi, sans craindre de l'humilier. Il était

tel que je l'ai reproduit dans le dessin qui accompagne cet opuscule, lequel, je puis le dire en conscience, est parfaitement ressemblant.

. Béllal, comme on doit le voir, était maigre, sec, nerveux et fort. Sa peau était noire, bronzée, luisante, douce et veloutée, ses pieds longs et plats; ses bras et ses jambes paraissaient faibles, mais ils étaient nerveux et musclés; on comptait facilement ses côtes. Sa physionomie était repoussante tant il était laid avec sa bouche énorme, ses lèvres épaisses, ses dents pointues, fortes, et d'une blancheur extrême; il était très agile et très adroit; sa queue, d'un peu plus de trois pouces, avait autant de flexibilité que celle d'un singe. Son naturel, à part l'étrangeté de ses goûts et de ses habitudes, était bon. Sa fidélité enfin était à toute épreuve.

Il ne serait pas impossible, ni même

bien difficile, de se procurer un de ces
hommes, en s'adressant aux marchands
d'esclaves *(Djelabs)* qui exploitent les contrées qui bordent la mer Rouge. Par eux,
on pourrait encore se procurer des renseignements beaucoup plus précis que ceux
que je donne.

Si, comme je l'espère, je retourne en Afrique, je ne manquerai pas de m'occuper de
nouveau de cette question intéressante, et je
n'épargnerai rien pour réussir à ramener
en France un Ghilâne vivant, si c'est possible, où, à défaut de mieux, son squelette,
afin de convaincre les plus incrédules.

III.

DOCUMENT OFFICIEL.

Le Ministre secrétaire d'Etat au département de l'Instruction publique et des Cultes,

Vu l'arrêté du 23 mai 1849 qui charge M. Du Couret d'un voyage d'exploration ;
Vu les instructions rédigées par l'Acadé-

mie des sciences pour le voyage de M. Du Couret;

Vu les considérations contenues au résumé des séances de la commission désignée par M. le Ministre de l'instruction publique par l'arrêté du 6 juillet 1849 ;

ARRÊTE :

ARTICLE 1er.

L'itinéraire de la mission confiée à M. Du Couret est modifié ainsi qu'il suit :

ARTICLE 2.

M. Du Couret se rendra d'abord de l'Algérie au Maroc, où il séjournera quelque temps.

ARTICLE 3.

Il se rendra à Tombouctou par l'oasis de Touats et le désert de Sahara ; il visitera le bassin du Niger, les oasis environnantes, la Sénégambie, la colonie du Cap, la Hottentotie, une partie de la Cafrerie, et les contrées diverses du plateau éthiopien.

ARTICLE 4.

M. Du Couret visitera ensuite le Bomba, le pays des Ghilanes (où il croit trouver la race d'hommes à appendice, dont il a vu un individu à la Mecque en 1842, et dont il fera l'objet de ses recherches spéciales), les montagnes de la Lune, le Donga, le pays des Fertits, les montagnes de Cuivre, le Dar-Koula, le Mandara, le Bournou, le lac Tschar, le Baghermy. le Borgon, le

9.

Dar-Four, et il effectuera son retour par le
Fezzan et Tunis.

Paris, le 7 novembre 1849.

Signé : E. DE PARIEU.

Pour ampliation :

Le chef du secrétariat,

P. COUIN.

TABLE DES MATIÈRES.

Paris. — Imprimerie de DUBUISSON et C⸱, rue Coq-Héron, 5.

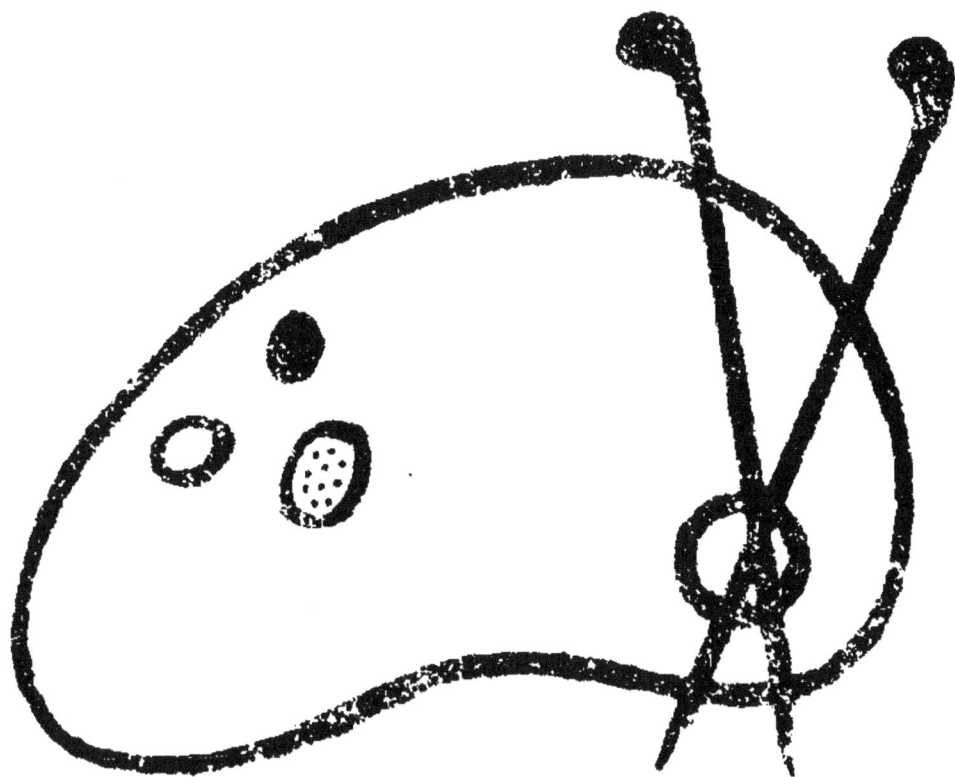

Original en couleur

NF Z 43-120-B

www.ingramcontent.com/pod-product-compliance
Lightning Source LLC
Chambersburg PA
CBHW060630100426
42744CB00008B/1574